JN438467

갯바람은 독공 중

갯바람은 독공 중

이형구 시집

신아출판사

시인의 말

따뜻한 입김이 진흙에 배인다
그렇게 한 생명이 탄생했다.

2013년 5월
石岩齋에서 이형구 쓰다

| 목차 |

1부

갯바람은 독공 중

2부

이놈들에게 햇살 좋은 날을

3부

나 아니 너

4부

그리움은 끝내

1 갯바람은 독공 중

송천동 행복 발전소

수십 년째 이씨는
나무 하르방 같은 얼굴로
입을 귀에 걸고 산다

동네 사람들 더벅머리 긁적거리며
이발소에 오면 어제 들은 사랑방 뉴스도 들려주고
와이담도 한마디씩 전하면
곁에 계신 신부님도 빙그레 웃었다

쌓고 쌓은 정으로 형제가 된 사람들
간혹 찾지 않는 날은
하르방은 창에 눈을 붙인 채 애가 탄다

그래서 누구든 송천동 문화이발관에 가면
웃음을 가득 채우고 나온다

오늘도 종일 행복을 충전 중이다.

끈

하늘 모서리에서
인연의 끈 다시 매어본다

보고프다

그 이음매에
가슴앓이로 타오르는 불

은하수 이어진 길 끝에
계실까

어머니.

갯바람은 독공 중

파도가
힘없이 몰려와 부서진다

앙상한 폐선
등뼈 훤히 들여다보이는
방파제

짠물에 절어
검게 그을린 어부
끈질기게
버틴 해송

모두 갯바람 안고
독공 중이다

숨통 조인 채 나자빠진
거전포구는 아는지 모르는지
물막이 공사에 갇힌
숭어 떼 뛰고 비린내 아직 물씬한데

혼불

이승과 저승이 하나인 것을
그녀는 알고 있다

그래서
무성한 나뭇가지를 뿌리라 부르고
뿌리를 나뭇가지라 불렀다

온달은 지상의 보름달이지만
그믐은 지하의 보름달이다

이승에서 또 다른 이승을 살았던 그녀

구정물 됫박 뒤집어쓴 채
가야할 곳 찾아 세상 보시 끝낸 그녀

허공에 혼불 하나 난다.

회혼례

까마득한 날
헐렁한 사모관대 쓰고
생면부지 천생연분을 찾아
산 넘고 개울을 건넜다

새신랑 온다는 고함소리에
동구 밖 고샅길이 오랜만에 분주했다

귀퉁이 찢긴 열두 폭 병풍 너머
삼라만상 아로새긴 좋은 날이라고
깨알처럼 써내려간 두루마리 축사는
신랑 신부 마음 설레게 했다

부부싸움 잘하는 가정이
이웃에게 행복을 안겨준다는
고물장수 축전은
외양간 암소도 웃게 했다

어느 사이

하얗게 바랜 곱슬머리
골 깊은 이맛살
무딘 손마디에 한 세월 굽이친 흔적이
구구절절하다

처음 만난 때처럼 마주 선 두 사람
손자가 사모관대 장만하고
손자며느리 신부화장 부산하다

오늘은 할아버지 할머니 신방 꾸미는 날.

억새 사랑

아침 햇살이

억새풀 헤치고 잰걸음으로 오고 있다

변명을 풀어놓은 듯 하얗게 꽃핀 외길

그 꽃길을 따라 오고 있다

활처럼 휜 허리 움켜잡은 바람자락

억새가 풀잎으로 베어내고 있다

독한 정을 잇고 있다.

친구

꿈을 찾아 무작정 달려온 길

뒤엉킨 이름 모를 얼굴들

그래도 넌 너다

젊은 피 뛰는 망아지 헛발질하듯 이름을 묻는다

메아리처럼 뒤돌아온 이름을 부르며

생생한 그리움들 서로 끌어안는다

나이테가 찰 대로 찬 우린

서로에게 새겨진 겹겹의 세월 묻는다.

이루리라

1. 이
동해 검붉은 파도
그 위로 찬란히 빛나는 태양
용솟음친 백두 봉우리
오색영롱한 비경 어우러진 풍악
그리고 한라와 오대양 육대주
모두 있는 듯 없는 듯 품에 안는다.

2. 루
삶은 가슴에 슬픔을 잉태한 통곡이다
휘몰아치는 파도, 기쁨은 어디 있는가
지친 기다림은 세월을 탓하고
보고픈 애절함은 밤마다 잉걸불로 타는데
고뇌는 어찌 숯덩이로 남아 뒹구는가.

3. 리
밤이 긴 수평선을 가르면
애달픈 가슴 칼로 에이는 듯하다
어두움에 싸인 섬광의 그림자 가만히 열어 본다

혼절한 바다가 다시 깨어나
붉은 피로 얼룩진 동강난 저 능선도 이어주리라.

4. 라
쌓이고 쌓인 염원
통일의 열망으로 가슴에 이렇게 남아
따사로운 햇살이 백두대간을 비추는 날
땅이 열리고 바다가 열리고 하늘이 열려
분명 우린 하나 되리라.

성모 마리아

누가 영혼을 깨우는가
잉태의 고통이 만삭을 부른다

천지창조는
하늘의 뜻인 것을
누구도 부인하지 못하리라

구원의 십자가
피에타 기도는
만인을 위해 올리는 어머니의 마음이다

영원한 삶, 그 희망을
작은 가슴에 안겨주신 사랑이여
복되고 또 복되도다.

사랑방 연가

검은 고무신 흰 고무신
토방에 나뒹군다

지난여름 그을린 얼굴들
겨울밤에야 마주보고

한 뭉치 볏단을
멍석과 짚신, 새끼줄로 되살리고 있다

시큼한 동치미 한 대접으로
사랑방 야담에 얼얼한 귀때기 식히고

지난여름 천수답 물꼬싸움도 너털웃음으로 날리며
소박한 인정만 덤벅덤벅 피는 사랑방

그 아련함에 허전타.

부부

해안선 따라 서해안 고속도로를 달린다

차창 밖 섬들이 내 안의 매듭처럼 떠 있다

그때 바람이 쿡 옆구리를 찌르며

실과 바늘은 하나란다

아내와 내가 처음 나눈

밀어처럼

수채화 빛 황금물결이 밀려온다.

봄을 기다리며

만경평야 뽀오얀 흙먼지 머금고
만경강이 파르르 물결 탄다

버들강아지 흰 꼬리가
살랑살랑 흔들며

물 위를 나풀나풀 비상한다

땅 끝물 머금은 수양버들도
줄기에 파란 리본 달고

그넷줄인가 봄 처녀 불러온다.

모정

더 없는 따사로움으로
젖을 내밀던 당신

해 지는지 모르고 천방지축 뛰놀다
놀 꼬리 잡고 집에 오면
덥석 끌어 품안에 안던 어머니

철들어 제 갈길 찾아 가느라 잊은 세월도
애처로이 저만치 물러서 지켜보며 가슴 조이던 당신
헝클어진 머리에 주름살만 오롯이 피우셨군요

그 긴 세월 주고도 또 못 주어
아직도 모자람만 탓하며
미안해하는 모습에
저도 꼭 하고 싶은 말 있습니다

"어머니 사랑합니다."

당신이 있다는 것

불멸의 밤은 내게 참 소중합니다

생각은 산처럼 쌓이고

침묵은 천둥처럼 웁니다

한 세상 애증과 갈증으로 찾아 헤맨 안식

누군지도 모른 채 곁에 머물

그 한 사람을 찾았습니다

반쪽인 내 그림자

내 인형

몽한 잠결에 귀 익은 초인종 소리가

문을 열고 성큼성큼 들어선다

평화의 보금자리가 아수라장으로 너덜거린다

초점은 방향을 잃은 채

멍하니 물기 가득한 가슴만 쥐어짠다

아픈 가슴팍에서 말없이 인형 하나가

눈물 흘리고 있다.

고향

풍악산 푸른 솔은
가슴에 청운의 뜻을 안겼고
들녘 너머 우뚝 솟은 무량산은
북풍한설 막아선 포근한 어머니 품이었지

포플러 늘어선 신작로
때늦은 버스 반가움에 올라타면
무척 덜컹거리던 깡촌인 그곳

시리도록 맑은 동계천東溪川은
쉬리와 피라미는 해 지는 줄 모른 채 팔딱이고
철 따라 농익은 사계 수채화로 그려내던 들판

고향은 시도때도없이
벌떡 나를 일으켜 세우는 그리움이다.

겨울 연가

나무 한 그루 간이 정거장을 지키고 있다

굽이도는 길목까지

듬성금성 몇 남지 않은 가지로 거리를 잰다

바람벽에 가까스로 매달린 대형 현수막은

농촌 총각 초혼재혼 다 책임진다고 큰소리친다.

2 이놈들에게 햇살 좋은 날을

이놈들에게 햇살 좋은 날을

따뜻한 어미품은 팔자에 없었다
송아지 한 마리
염생이 한 마리
강아지 한 마리
셋 다 우유 먹고 자랐다
송아지도 지어미 젖은 아니었다

세상이 어찌 되는지
비 쏟아지는 날 더 많았다
추운 날 더 매서웠다
이놈들, 웅크린 날도 더 늘어났다

공중의 새도 들의 백합도
먹이고 입히느라 바쁜 신이여
제발 이놈들에게
그 아무렇지도 않게 흔한 햇살 좋은 날이나
많이 보내주소서!

병실에서

한쪽 모서리
쾌유를 비는 화분 하나
나풀거리는 리본에 쓰인 글
'언니, 아프지 마.'

간호사 떠나고
병실 문 닫히기도 전에
아직은 살 만큼 아픈 환자의 말꼬리가 춤을 춘다
자식 키워봤자 다 필요 없다고 한탄한다

옆 모퉁이 병상에선 중년 딸이
몸 가누지 못하는 아버지 간호하느라
이마에 구슬땀 송골송골하다
손놀림도 부지런하다

허공에 뿌려댄 넋두리가
민망한지 화분이 툭, 고개 숙인다.

하루

태양이 만물을 흔들어 깨운다

무심한 인간 틈에서

목 부러진 선풍기 고물상을 따라 나선다

굽은 허리로 갈 길은 먼데

저녁 노을은 금세 눈앞에 어른거린다

하루는 이렇게 또 세상에 던져놓고

슬금슬금 어둠으로 덮어버린다.

자유가 그리운 삶

얼마나 현실을 잊고 싶었으면
당신은 연기처럼 날고 싶다 했나요

고통이 없는 천상에서
영원한 삶 함께하소서

훗날엔
용서하고 사랑하며 삽시다

항상 곁에서.

생일

무심한 하루
무던히 바쁜 세월이다

뚜벅뚜벅 지나간 시간이
때론 허망하다

그 많은 날의 몸부림이

동그란 생일 케이크
생크림 속에서
가슴 시리게 살아난다

이 달콤함이 당신이 얻으려 한
한 조각 행복일까.

신부 예찬

천사가 내려온 듯
선녀가 다가선 듯

나풀거리는 면사포
사랑의 징표다

행복, 한몸에 안고
새로운 탄생이다

해맑은 미소
초롱한 눈빛까지

정녕 행복이어라.

산다는 것

힘겹게 살아온 아픈 영혼은
바람에 흔들리는 갈대 같다

그 많은 사연들 짤막한 기억 속에서
스쳐가는 걸 보면
삶이란 허무로 가득 찬
빈 항아리다

뜬구름같이
세상 말없이 떠나야 함을
왜 모를까

하늘이 구름 사이로 언뜻 보이듯
생도 이승에 잠깐 스치는 바람이다.

빛이 있는 곳

기다림에 지친 자
목마름에 타는 자

그곳에 있는가

한 줄기 빛을 찾아
이 아픔 홀로 새기며

그곳에 있는가

찬란한 고뇌의 빛 찾아
그대, 훨훨 날아라

붉은 고추

솜털 같은 여린 잎
농부의 손끝을 떠나 홀로 섰다

비바람 휘몰아쳐도
텃밭 지키고 있다

태양을 닮고 싶어 그는
하늘 우러르며

볼연지 붉게 칠하고 있다.

말

흘린 말의 꼬리
어디가 끝일까

그 말의 뜻
얼마나 높을까

저 말의 의미
얼마나 넓을까

쉼 없이 쏟아내는 말 말 말
말의 비

온통 세상이 소리에 젖었다.

레지던트

들릴 듯 말 듯한 소리로
손에 든 체크리스트
줄줄이 읽어주고
할 말 다 했다는 듯 휘익 사라진다

아픈 몸 일으켜 세워 아랫배 힘주고
병동 한 바퀴 돌다 보면
땀방울이 목덜미까지 송송 맺힌다

저편에서는 어렵고 힘든 인술 배우겠다고
가냘픈 몸매의 여의사가 종종거린다
어떤 아픔을 치료하려고 저리
고달픈 삶을 살까.

꼬마 나이팅게일

잠을 잃어버린 할머니 곁에
어린 예진이는 어엿한 간병인이고
보호자다

팔순 할머니 아픔도 잊은 채 신이 났다
벌떡 일어나 누렁이 찾으면
어린 손녀는 멍멍하고
오리를 부르니 꽥꽥한다

병실 구석 한 가족
목젖이 터지는 고통을 참으며

나지막하게 돼지를 외치니
새끼손가락으로 제 코를 들어 올린다

아픔을 잠재우는 자
고통을 무너뜨리는 자
17개월 예쁜 예은이는 분명 나이팅게일이다.

달맞이 길

발밑 늘어선 바다에
성냥갑 같은 빌딩들
네온사인 따라 수중발레를 한다

갯바위에 머물던 검붉은 어둠도
둥지 찾아가는데
갈매기만 밤을 잊은 채
허공을 맴돈다

배시시 드러누운 저 언덕에
달이 뜨자
사랑이 손잡고 달맞이 간다.

놀

검푸른 해송 너머 놀 진다

둥지 찾는 갈매기 울음 허공에 거칠다

붉은 놀빛 열기 가득한 허공에

태양의 몸짓 궤적을 이루고

하나 된 황혼의 연가는

노을바다를 머금었다.

너럭바위 부엉이 하늘을 날다

깊은 밤
송진내음 창가에 머물러
산사의 풍경소리 아련하다

알 수 없는 내일에
순응하며 살아가는 삶

참 서럽다
그래도 밤새우며 희망을 꿈꾼다

거울 속 형상은
붉은 깃발의 분노뿐이다
이럴 땐 차라리 눈먼 삶이 행복하다

자연 한 조각
생과 사가 따로 없다

너럭바위 부엉이만 하늘을 난다.

달과 별

훗날에 홀연히 머물러야 할 자리에

솔잎 향 가득

창공에 뜬 저 달 당신 아닌가

나 홀로 능선 넘을 때

가슴속 묻어둔

눈썹 짙은 달

애고 정말 보고 싶다.

3 나 아니 너

누이

산중턱 가로질러 이슬 머금은 꽃 사이

뿌연 안개 속을

바람이 능선 돌밭 콩잎을 뒤척이며
넘듯 넘어갔지

붉은 볼이 곱던 누이 산 넘어 시집갔지

언제 또 올지 모를 길이라

이 길 눈물로 지우며 지우며 갔지.

대천에서

모래 무덤 사이
밀려오는 하얀 파도
추억을 뜯어낸다

이별 같은 거
아픔 같은 거
다 모아 쓸어간다

갈매기 부리에 걸린
통통배 하나
수평선에 자물린다.

삼신봉

삼신봉에 오르면
거대한 자연병풍 하나 있다

반야봉
삼도봉
토끼봉
명선봉
형제봉
벽소령
덕평봉
칠선봉
연신봉
촛대봉
연화봉
제석봉
천황봉
써리봉

지리산은 산이 아니라
세상에 펼친 액막이 병풍이다.

보름달

둥근 고요를 깨고 은하수에게 말을 건넨다
견우와 직녀는 만나야 한다고

누이의 수줍은 얼굴 같은 달이
저 산 넘을 때도
달무리 눈가가 축축했을 것이다

아련한 기억은 밤을 갉아 먹는 등불 같다

잊었다 하면서도
밤이 오면 갈대숲 넘어 뜬
누이 얼굴 같은 둥근달을 본다.

태엽

소품 같은 공간
알 수 없는 침묵 속에서
가려졌던 어제가
살며시 일을 멈추게 한다

멍하게 드높은 하늘
시리도록 아른거린 잔상들
불현듯 모든 자국이 되새김질하고
끌어안은 삶은 빈껍데기뿐이다

오늘은 왜 먼발치로 달아난 시간이
이처럼 되살아날까
다시 뒤따라오는 그림자들.

나 아니 너

길모퉁이 산들바람 스쳐올 때
보일 듯 다가섰던 너

저 산봉우리 위로
둥둥 떠도는 뭉게구름 사이로
언뜻 보였다 사라진 너

기원의 마음 모아
눈감는 기도
그때마다 보고픔은 그리움이었다

아린 가슴 소금에 절인 듯
끝없이 아프다 나
아니 너.

쪽파 할머니

잊은 기억이
달빛 잡고 걸어 나온 날
이슬이 찬비처럼 흥건했다

무딘 몸짓으로
세월에 장사 없다며 그날도
중앙시장 모서리에서 할머니는 좌판을 폈다

쪽파 몇 단으로 하루를 저울질하며
험했던 삶의 기억을 다듬는다

그래도 오늘이 있어
어제도 한번 더듬어보고
꿈 같은 내일을 기다린다며

할머니 매운 날들을 지우지 않는다.

하나 되는 사랑

화사한 봄볕이
파릇파릇 새싹을 키우고 있다

백사장 파도 따라
젊은 날 그리움도 익어갔다

안면도 솔숲, 푸르름 깊어갈 때
바다가 하얗게 단장하고

꿰어 맨 시간들이
하나 되는 사랑에 눈을 떴다.

참사랑

참아야 한다
진정 함께 갈 수 있다면

잘했어 그래 잘했어 하며
기쁨을 같이 노래할 수 있다면

아무리 힘들어도
참고 동행의 기쁨 누려야 한다

상처에 몸이 붉게 물들고
외로움이 흥건해도

가시밭 고행도 마다치 않던 순교자처럼
한마음으로 견뎌야 한다

아름다운 내일을 위해.

아리다

울컥 보고 싶은데
달려 갈 수 없다

그대 환한 웃음이
온몸 타고 흐르면

하늘을 본다

감당하기 힘든 땐
기도밖에 할 수 없는 현실이

가슴에서 위안의 우물을 판다

꿈속에서라도 홀로 다녀왔으면.

사랑은 흐른다

심장이 멎을 듯 침묵만 깊습니다

처음 만난 순간 당신은

잉태의 고통, 천 년을 새김질하며

또 하나의 탄생을 고합니다

영원이라는 것은, 본능이라는 것은

계절을 따라 만물이 변하듯이 변해갑니다

세월이 흐르듯이 언제나

사랑은 당신으로부터 흘러나옵니다.

무상

한숨 몰아쉬면

굵은 주름살이 내 살아온 길을 보여준다

휘청이며 늙은 영혼이 기억을 더듬어 본다

당신은 내게 영혼이 없음을 이미 알고 계셨지요

간절히 원합니다, 당신께

이 밤 평화롭게 잠들게 하소서.

만남의 반은 이별이다

가슴이 시리다

만남 이별 아픔까지도

아쉬운 그리움이다

그것들 다 비우고 나면

삶은 빈껍데기만 덩그렇게 남듯

떠나는 길에서 만난 사람들

만남의 반은 이별이다.

당신은 아는지

무엇이 삶이고 무엇이 생인지

또 무엇을 갈망하는지

곁에 머무는 것들은 또 무엇인지

무엇을 의미하는지

생각에 아무리 깊이 잠겨도 숨만 가쁩니다

사랑, 용서 따위는 한 마디도 나오지 않는

귀퉁이 일그러진 질그릇 같은 삶일지라도

소중히 간직하고 싶은 나의 삶 아니 생,

당신은 혹 아는가.

순환

아스팔트 위에 빗줄기 쏟아집니다

빗줄기 자국이 깊어진 여름입니다

생각 앞서 간 세월 등에 업고

연인들은 행복해하는 시간입니다

또다시 만남을 기약하며

떠나야 할 계절은 코끝이 찡한 밤입니다.

기다림

온다기에 기다리는 마음

만날 거라기에 그리운 마음

구름 사이 태양이 숨바꼭질하듯

솜사탕 같은 바람 맴도는데

행여 누가 볼까 제 그림자만 바라보다

애타는 마음 어찌할지 몰라

혼자 묻는다.

4 그리움은 끝내

눈

모두가 지워졌다

있는 그대로
온 세상을 감쌌다

판자지붕도
빌라의 베란다도

눈이 내렸다

어젯밤 갈지자로 간 사내
발자국도 지워졌다.

그리움은 끝내

잊은 듯하면 밀물처럼 몰려왔다

타다 남은 장작 같은
숯덩이 하나

능선 너머 태양처럼
오랜 기억은 타올랐다

이제 무뎌져
살이 된 그리움 하나.

빛

봄 햇살을 삼킨 집안이 아리아리하다

꽃들이 폭죽을 터뜨리던 그때처럼

천지가 하얗던 면사포 속 누이처럼.

빈방을 가득 채운 빛

갈증

갈증으로 목마른 자
누구인가

인생은 필연 외길인 것을
몰랐던가

떠날 때는
사랑도 이별도 슬픔도

하나 되는 것을.

해운대 연가

해운대 가로지른 광안대교 위로
별들이 분수처럼 쏟아져
내린다

모래무덤 사이
아직도 떠나지 못한 그림자들
침묵을 바다에 던지는데

추억의 등불인가
깜박깜박 등대가 잊은 건
정말 뱃고동 소리뿐일까

지난 사연들을 줄줄이 엮어
난, 이 밤을 지키고 섰다.

하얀 찔레꽃

서슬 퍼런 칼날처럼
온몸에 돋아난 가시덤불
훈풍 따라 몰려온
비비새도 돌아 날다

무심한 돌담
언제나 그 자리
숭숭 난 구멍 툇마루 엿보며
고샅길 돌고 도는데

첫사랑 기억인가
주르르 타고 드는 향
하얀 연등이 가시에 걸려 있네.

춘몽

푸석거린 땅 내음
뽀얀 먼지가 하늘로 솟는다

버들강아지 하얀 몸짓은
부지런히 징검돌 건넌다

그렇게 건넌 꿈은
강변 갈대숲에 푸르게 영근다.

그랬으면 좋겠다

천지창조가 시작된 날
진흙 한 덩이 인간이

기쁨과 슬픔을 느끼며 살고 있다

이제 사랑도 알고
쓰디쓴 아픔도 안다

포근한 정 파고든다

세상 모든 사람에게 당신의 사랑
머물게 하면 좋겠다

정말 그랬으면 참 좋겠다

아직도 사랑을 놓고
한 움큼 움켜쉰 재 떠나는 자 누구.

살아있는 천사

제 몸 가누기도 힘겨워
뒤뚱거리는 걸음으로

응급실 환자 찾아다니며
내 일처럼 돌본다

그들의 처절한 외침을 살피며
숨 놓지 말고 조금 더 견디란다

먹먹한 가슴샘이 울컥 솟는다

준다는 것이 비운다는 것이 이런 거다

할머니는 살아있는 천사다.

사랑의 시작

사랑은 이런 거란 듯

열정의 바다는

놀과 파도 뒤섞으며

깜박깜박 밤을 달군다

저만치 밀쳐둔 어둠도

벌써 뜨겁다.

방황

당신의 몸부림은 누구를 위한 겁니까

그림자 어른거리는 이 가슴에서
서걱대는 당신은 누구입니까

머잖아 한 줌 재로 날아갈
이 몸에 숨은 당신은 누구입니까

열사의 아스팔트에서
흐느적흐느적 방황하는 당신은 누구입니까

결국 인생은 홀로
왔던 길 찾아 돌아가는 것임을 알면서

당신은 왜.

당신과 가야 할 길

아득히 먼 시간 속으로 가야 한다

어제를 되돌아보며
내일의 낯선 길 찾아가야 한다
기억에 남은 많은 사연들에 감사하며
그냥 덤덤히 가야 한다

변함없는 사랑의 약속을 담고
당신의 새로운 길 찾아가야 한다

항상 내 이웃을 기도하며
내 이웃과 함께 닮아가야 한다

당신의 길 따르며
당신께 평화와 안식을 기도하며.

태자리

무엇 더 바라는가
이 태자리에서

많은 세월 그렇게 흘러도
있는 듯 없는 듯 가슴속에 머물러 있는 이곳
아무리 잊어도 잊히지 않는 이곳

가진 것 없이
빈 몸으로 와도
어머니의 품 같은 이곳

있는 자는 있는 대로
없는 자는 없는 대로

언제 찾아도 반겨주는 그리운 곳
내 고향이여!

첫사랑

바다만큼

목마른 인연이여

갈증이 밤을 부르면

훨훨 날아가

그 문 화들짝 열고 싶다.

그대

조용한 침묵, 무언의 눈빛이다

초저녁 둘만의 공간

가녀린 손끝의 떨림 무엇을 원하랴

곁에 그대가 있으니

이 순간 바랄 것도 없이 행복하여라.

그냥 지나가는 삶

한 생명이 소리치며

세상 한모퉁이를 깨운다

울면서 한 여인의 치마폭을 파고든다

당신의 말씀처럼

인간은 한 줌의 흙인 것을

다람쥐 쳇바퀴 돌듯

그냥 지나가는 게 삶인 것을

아이는 어찌 저리 울면서

온몸으로 휘적휘적 오는가.

곁

바짓가랑이 사이로

바람이 서늘하게 파고든다

가쁜 숨 날리듯

단풍이 진다

빛바랜 그림자 곁에 두고

아파트 틈을 비집고 달이 떠오른다.

해금강

멀리 섬들이 둥둥 떠 있다

가슴에 깃발을 콕 박은 통통배
어디로 떠나려는지
포구를 출렁인다

섬으로 다가갈수록
고기잡이 떠난 자식 기다리는 어미 돌
생명줄 질긴 거북바위
콧수염 없는 사자
불쑥 솟은 촛대
뱃전을 비벼대는 십자동굴

해설사는 소원을 빌란다

그때 해금강은 바위와 사람을 엮어
바다에 시를 쓴다.

■ 작품 해설

현실의 아픔과 직조되는 서정적 무늬

호병탁(문학평론가)

1

문학은 사회현실과는 어쩔 수 없는 불가분의 관계를 가지게 된다. 일반적으로 '상상이라는 정신적 기능을 통해 인간의 정서나 사상을 언어 · 문자매체로 표현한 예술 및 그 작품을 문학이라고 정의한다. 그렇다면 '외롭고 괴로운 현실'이 꼭 문학과 손을 잡아야 할 필연성은 없는 듯싶다. 살기도 신산한데 문학에서조차 꼭 이런 각박한 '삶의 현실'을 읽어야 할 이유도 없을 듯싶다. 그러나 실상 바로 그 각박한 '현실'은 언제나 문학 안에 당연한 자기 위치를 주장하며 부지불식간에 떡 버티고 자리를 잡고 있게 되는 것은 주지하는 바이다.

때로 앞에서 말한 문학의 일반적 정의는 상상과 유희의 세계관에서 비롯된 것일 뿐이라는 공격에 직면하기도 한다. 한마디로 '문학은 사회의 표현(De Bonald)'과 같은 주장은 문학과 사회현실의 관계를 극단적으로 강조하고 있는 말이다. 사회현실이 작가를 완전히 결정한다는 사회주의 문학관도 사회주의 국가를 중심으로 한 시대를 풍미한 바 있다. 그러나 다 아는 것처럼 이런 절대적 결정론은 한물 건너갔다. 허기야 세상에 절대적인 것이라는 게 존재할 수나 있는 것인가.

문학이라는 예술작품은 사회현실의 의사소통수단인 '언어'를 사용한다. 시인도 사회의 일원이요, 시인이 상대해야 할 독자도 오늘 사회현실을 사는 사람들임에 틀림없다. 또한 시인이 그의 작품에서 다루는 가족, 연인, 친구 그리고 그들과의 사랑, 연민, 애증, 소외 등도 모두 사회현실의 한 양상임에 다르지 않다. 문학이 사회를 반영한다는 말은 극단적이고 결정적으로 몰아가지 않는 한 백 번 맞는 말이다. 문제는 문학과 사회현실의 관계가 그렇게 명백하고 직접적인 것은 아니라는 점이다. 사회현실은 일단 시인의 내부의식으로 들어가 그의 정신세계 속의 사유를 거쳐 언어를 매개로 하여 다시 밖으로 나오는 것이다.

바로 문학적 표현이다.

일단 표제작을 보자.

파도가
힘없이 몰려와 부서진다

앙상한 폐선
등뼈 훤히 들여다보이는

방파제
짠물에 절어
검게 그을린 어부
끈질기게
버틴 해송

모두 갯바람 안고
독공 중이다

숨통 조인 채 나자빠진
거전포구는 아는지 모르는지
물막이 공사에 갇힌
숭어 떼 뛰고 비린내 아직 물씬한데

—「갯바람은 독공 중」 전문

생태학적 문제는 그동안 사회현실의 중요한 화두로 대두되어 왔고 그에 대해 수많은 시적 응전이 이루어져 왔다. 이 문제는 앞으로도 그 강도가 더하면 더해지지 사그라질 것 같지 않아 보인다. 어찌 보면 이는 시가 마땅히 다루어야 할 실제적인 지점으로 그 중요성이 더욱 부각될 가능성이 크다. 위의 시는 바로 이런 생태학적 문제에 대한 또 하나의 시적 응전이다.

시인은 물막이 공사가 끝난 해안 풍경을 담담히 그러나 결정적인 사물들을 놓치지 않고 하나하나 그려내고 있다. 구태여 주석적 비평의 도움이 없더라도 쉽게 독해되는 문장으로 흔해빠진 직유 하나도 보이지 않는다. 그러나 쓸쓸하고 황량한 풍경의 얼굴들은 행과 행들이 서로 교호하는 가운데 시인의 감성을 상승시키며 전체적인 커다란 비유로 작동한다.

시인은 인간의 도덕과 윤리와 책임에 대해 소리를 높이지 않는다. 아니 그런 소리는 내지도 않는다. 그저 현실의 풍경을 있는 그대로 – 감정의 고양은 없지만 감각적으로 – 담담하게 보여줄 뿐이다. 언어경제도 최대한 이루어지고 있다. 이는 좀 더 넓고 깊은 성찰의 울림을 만들어내고자 하는 시인의 시적 전략으로 결국 소기의 성과를 거두어냈다. 울림, 그것도 상당한 울림을 만들어낸 것이다. 왜 그러한지 시인이 그린 풍경에 확대경을 대본다.

2

방파제 너머의 파도는 '힘없이 몰려와' 부서지고 있는 것으로 시는 문을 연다. 이때 '힘없이'라는 부사어는 시 전체에 활기와는 거리가 먼 어떤 '맥 빠진' 느낌의, 즉 물막이 공사 이후에 변화되는 풍경의 주조主調음으로 작용한다. 이제 화자의 눈에 바다에 나갈 일 없는 폐선의 모습은 '앙상'할 뿐이고 힘없는 파도를 상대하고 있는 방파제는 '등뼈까지 훤히' 드러나 보인다. '맥 빠진' 느낌에 '쓸쓸함'이 더해진다.

물론 평생 바다에서 산 어부의 얼굴은 '짠물에 절여' 그

을려 있다. 그리고 그 바닷가에는 수많은 태풍에도 '끈질기게' 버텨온 해송들이 구부러져 있다. 2연과 3연에 나타나는 '앙상한', '등뼈 훤히 들여다보이는', '짠물에 절여', '끈질기게' 등과 같은 감각적인 형용의 수식어들은 우리를 자연스럽게 해안의 현장으로 인도한다. 현장감이 있다는 말은 독자에게 울림을 주는 단초가 된다.

파도, 폐선, 방파제, 어부, 해송이란 별도의 객체들은 해안 풍경의 일부를 이루는 구성요소로, 서로 어울려 전체의 풍경을 이루게 된다. 마찬가지로 하나하나의 각자는 공히 '갯바람'을 맞고 있는데 이는 전체가 갯바람을 쐬고 있다는 말에 다름 아니다. 어부를 포함한 이 모든 근천맞은 사물들에게 연민의 눈길을 주고 있는 시인은 이들이 '독공' 중인 것으로 파악된다. 각자가 독공 중이지만 실은 이들 모두가 안고 있는 갯바람, 즉 전체의 갯바람 또한 독공 중인 것이며 이는 자연스럽게 표제작이자 이 시의 시제, 「갯바람은 독공 중」으로 떠오르게 되었을 터이다.

여기에서 우리의 시선은 '독공 중'의 독공에 머물게 된다. 독공은 동음이어로 세 가지의 다른 뜻을 가지고 있다. '篤工'은 학업에 부지런히 힘씀을 의미한다. '獨工'은 '혼자서' 어떤 일이나 공부를 하는 것을 말하며, '獨功'은 판소리의 창자가 토굴이나 폭포 앞에서 득음得音의 지경에 달하기 위해 발성 연습을 하는 것을 의미한다. 이 시에서는 이제는 별 볼 일 없는 사물들이 자신의 존재이유와 가치에 대해 각기 '혼자서' 사유와 성찰하는 공부, 즉 獨工한다는 뜻으로 쓰인 것 같다. 그러나 다른 뜻 어느 것을 대입하더라도 우리가 이 근천맞은 것들에 대한 시인의 연민에 동참하게 되는 것은 어렵지 않다. 울림이 발생한다.

마지막 연의 '거전巨田'은 신포 부근의 포구 이름이다. 많은 어부들이 이름 그대로 바다의 '큰' 뻘 '밭'에서 생을 영위하였을 것이다. 바닷물이 드나들지 않으면 거전의 생명도 끝장이다. 이런 사실을 아는지 모르는지 포구는 —누워있는 게 아니라— 자빠져 있다. 그것도 '나자빠'져 있다. 순간적으로 꿈틀거리며 격동되는 시인의 감정이 여실한 대목이다. 다음 행에서 이런 황량한 풍경의 결정적인 원인제공자, '물막이 공사'가 구체적인 모습으로 이 시에서 처음이자 마지막으로 등장한다.

3

그런데 '물막이 공사에 갇힌'이라는 수식 구는 도치를 사용한 문장으로 앞 행의 '거전'을 수식하기도 하고, 자연스런 통사적 연관으로 뒤 행의 '숭어 떼'를 수식하기도 한다. 일종의 시행걸침(enjambement)으로 눈여겨보게 되는 대목이다. '물막이 공사에 갇힌'과 '거전'은 일상 언어에서는 뗄 수 없는 통사구조로 강제적 단절이 쉽지 않다. 그러나 도치에 의한 시행걸침은 긴 휴지를 둠으로써 '아는지 모르는지'와 시간적 · 심리적 거리를 만들고, 이 거리는

'나자빠져 있는 포구의 모습'을 더욱 안타깝게 보이게 하는 효과를 만든다.

'물막이 공사에 갇힌'과 '숭어 떼'는 자연스런 순차적 구조다. 그런데 이 시에서 '갇힌' '숭어 떼'는 대조적으로 짙은 비린내와 펄펄 뛰는 모습으로 나타나 죽어가야 하는 '갇힌' 물고기의 '생명력'을 오히려 강화시키는 아이러니를 내포하게 된다.

마지막 연의 마지막 행인 '숭어 떼 뛰고 비린내 물씬한 데'는 이 시의 백미다. 시는 첫 행부터 마지막 전 행까지 페이소스가 배면으로 짙게 깔려있다. 연이어 등장하는 쓸쓸하고 초라한 사물들의 모습은 이 시를 더 애상적 어조로 몰고간다. 그러나 마지막 행에서 갑자기 시는 펄떡 요동을 친다. 폐선이나 방파제, 어부나 해송은 갯바람을 안고 있으나 움직임 없이 버려진 상태다. 파도까지 '힘없이' 물결칠 뿐이다. 그러나 이 행에서 숭어는 '갇혀'있지만 역동적으로 '뛰고', '비린내'까지 물씬 풍기고 있다. 시각과 후각의 생생한 감각이 어우러지며 강한 생명력이 표출된다. 순간 부동의 사물들은 대척점에서 뛰는 역동적인 숭어 떼로 인해 극명한 대비를 이룬다. 이 대비는 정·동의 효과를 극대화하며 우리가 해야 할 어떤 일, 어떤 도덕적 책무를 강하게 고조시킨다.

마지막 시행 다음에는 많은 말이 남아있다. 숭어 떼 비린내가 물씬 나는데 그럼 어쩌란 말인가. '뭐뭐한데 뭐뭐

하다'는 일상적인 글의 순차적 구조다. 그러나 당연한 이 순차적 글의 후반부는 의도적으로 과감히 생략되었다. 생략된 부분을 채우는 것은 독자의 몫이다. 이 빈곳을 채우는 동안 독자는 이제 시인이 만들어낸 '울림'의 진동에 포위될 것이다.

시인은 사회학자도 과학자도 아니다. 어떤 사회문제에 대해 논리적으로 설명하며 이래라 저래라 요구하기도 하고 가르쳐주기도 하고, 나아가 직접 행동으로 보여주는 교사가 아니다. 시인이 남겨 논 빈곳을 '물꼬는 터져야 한다'라고 채워 넣는다면 시인의 속내와 정확히 일치할 수도 있다. 그러나 그것은 어디까지나 '나'라는 독자의 개인적 독해에 불과한 것이지 시인이 주장하고 행동하려는 바와는 무관하다. 아니, 시인이 직접 주장하고 뛰어나가 행동하는 것은 결코 바람직한 일이 아니다. 그렇게 되면 자칫 선전 · 선동하는 사람이 되기 십상이기 때문이다. 그러려면 시를 쓸 게 아니라 차라리 환경운동가가 되어 데모대 앞장에나 설 일이다.

4

우리의 가슴을 뭉클하게 하며 심각한 성찰을 요구하는 또 하나의 시가 있다.

따뜻한 어미품은 팔자에 없었다

송아지 한 마리
염생이 한 마리
강아지 한 마리
셋 다 우유 먹고 자랐다
송아지도 지어미 젖은 아니었다

세상이 어찌 되는지
비 쏟아지는 날 더 많았다
추운 날 더 매서워졌다
이놈들, 웅크린 날도 더 늘었다

공중의 새도 들의 백합도
먹이고 입히느라 바쁜 신이여
제발 이놈들에게
그 아무렇지도 않게 흔한 햇살 좋은 날이나
많이 보내주소서!

—「이놈들에게 햇살 좋은 날을」 전문

시는 인생의 표현이고 생명의 해석이다. 시가 자연을 노래하든, 사회를 노래하든 궁극적으로는 인생의 표현인 것이며, 생명과 영혼의 고귀한 가치를 통찰함으로 독자와 울림을 공유해야 하는 것이다.

위의 시는 바로 이런 시의 본질에 잘 부합된다. 신산한 삶에 부대끼며 그래도 그것을 견디며 자라고 있는 어린 짐승들, 그리고 그것들을 바라보는 사랑과 연민의 눈길이 시인의 간절한 소망과 함께 가슴을 치며 다가온다. 그러면서도 이 시는 앞서 본 「갯바람은 독공 중」처럼 만만치 않은 사회문제를 함의하고 있는 시이기도 하다.

"따뜻한 어미품은 팔자에 없었다'고 시인은 결론적이고 선언적인 문구로 시를 시작한다. 원인이 배제된 이런 결정적 · 단정적 어투는 아연 긴장을 조성하고 독자들은 그 배경이 무엇인지 바삐 다음 행으로 시선을 옮기게 된다. 단숨에 첫째 연이 독파된다. 그리고 시인과 등가의 정서에 휩싸이고 있는 자신을 발견하게 된다.

어린 짐승 세 마리가 있다. 강아지는 개 젖을, 염생이는 염소 젖을 먹어야 하는데 우유를 먹고 자란다. 송아지도 우유를 먹지만 제 어미젖은 아니다. 이 불쌍한 것들은 어미 없이 자라고 있는 것이다.

세 마리 짐승새끼를 눈여겨볼 필요가 있다. '시는 감정의 해방이 아니라 감정으로부터의 도피, 개성의 표현이 아니고 개성으로부터의 도피'라는 말이 있다. 따라서 시인은 자신이 느낀 인상, 경험, 감정 등을 담아낼 '특수한 매개 수단'이 필요하다. 바로 이런 시인의 정서에 상응하는 매개수단으로, 어린 세 짐승의 안타까운 모습이 등장하고 있는 것이다. 나중에 다시 언급하겠다.

둘째 연은 이 짐승들이 부대끼는 정도가 점층적으로 더해가고 있다. 지구 온난화 때문인지 뭔지 날씨가 불순하다. 봄 · 가을은 아예 없어진 것 같다. 주지하는 것처럼 더 덥고, 더 춥고, 태풍도 많아 비바람 몰아치는 날도 더 많아졌다. 보살펴주는 어미가 없는 어린 짐승들은 '웅크리는 날'이 '더 늘어'날 수밖에 없다.

날씨는 인간의 힘으로는 당장 어쩔 수 없다. 근원을 따진다면 인간의 환경파괴에서 비롯되겠지만 당장 다가오는 태풍을 어찌하랴. 신을 부를 수밖에 없다.

이 시는 첫, 둘째 연은 새끼 짐승들의 불쌍한 처지를 그리고 있고 마지막 연은 이들을 위한 기도로 구성되어 있다. 성서의 말처럼 신은 '공중의 새도 들의 백합도 먹이고 입히는 분'이다. 바쁠 것이다. 그러나 시인의 간구는 먹을 것, 입을 것이 아니다. 특별난 것도 아니다. 그저 흔하디 흔한 '햇살 좋은 날'이나 많이 보내달라는 바람이다. 햇살 좋은 날은 당연히 비가 내리지 않는 맑은 날이 될 것이고 또한 따뜻한 날이 되기도 할 것이다. 그리고 어린 짐승들은 웅크리지 않아도 되는 날이 될 것이다. 시인은 마지막에 느낌표를 찍어 놓았다. 구두점 하나하나에도 의미가 포함된 것으로 간주하여 가능한 생략하는 게 추세다. 이 느낌표가 시인의 '간절한 마음'을 표출하는 것이 아니라면 무엇이겠는가!

5

이 글에서 시인은 아직 거명조차 되지 않고 있다. 이제 이 글을 쓰기 위해서라도 시인에 대해 좀 언급할 필요가 있다.

이형구는 법학박사로 평생 법원에서 일해 왔고 지금도

그곳에서 일하고 있으며 시를 쓰는 사람이자 독실한 가톨릭 신자이다. 이 정도면 그에 대해 할 말 다 한 것 같다. 직업상, 종교상 뭔가 좀 딱딱할 것 같지만 늘 웃는 얼굴로 푸근하다. 술 대작도 사양치 않아 문인들과 잘 어울리는 편이다.

본인은 손사래치며 알리기를 꺼려하는 한 가지 사실이 있다. 오기로라도 밝혀야겠다. 지역신문의 보도 중 행간에 얼핏 소개된 것이 있는데 나는 가감 없이 그것을 인용하고자 한다. '이형구 시인은 불우이웃과 장애우 그리고 소외된 계층과 틈나는 대로 함께한 법원의 얼굴 없는 천사로 (중략) 이날도 소년소녀가장으로 꿋꿋하게 살아가고 있는 어린이 삼 형제에게 장학금으로 전달하는 (중략) 기쁨을 나누었다.'

내가 이 미담을 밝히겠다고 했을 때 그는 펄쩍 뛰며 만류하였지만, 바로 이런 그의 따뜻한 인간성 때문에 발문 쓰기를 냉큼 수락한 것을 그는 아는지 모르겠다.

여러 말 하면 시인이 쑥스러워할 것 같아 이 정도로 하고 다시 글로 돌아가자.

위의 보도자료 중 '어린이 삼 형제'가 나타나는데 나는 즉시 위의 시에 등장하는 '어린 세 마리 짐승'과 이들 형제가 오버랩됨을 느꼈다. 앞서 말한 것처럼 시인은 자신의 느낌을 담아낼 '정서적 대응물', 즉 '특수한 매개 수단'을 필요로 한다. 바로 이런 정서적 호응을 기술하기 위해 우유 먹고 힘들게 자라는 강아지, 염생이, 송아지의 안쓰러운 모습이 견인되고 있는 것이다. 한 가지 더 눈여겨볼 부분이 있다. 시인은 세 마리 어린 동물을 묘사하며 불쌍하다느니, 안쓰럽다느니, 딱하다느니, 힘겹겠다느니 등의 감상적 발언은 뻥긋도 하지 않는다. 대신 단 한 마디 형용어 '웅크린'에 이런 모든 것을 집약시키고 있다. 춥거나 겁이 날 때 '몸을 움츠리는 동작'을 우리는 '웅크린다'고 말하고 이런 동작의 형용어는 어떤 감상적 수식어보다 오히려 느낌이 배가된다. 현대시의 비개성화(depersonalization)로 시에 나타나는 감정과 정서는 시인 자신의 감정과 정서와는 별개인 것으로, 시에 자신의 감정을 직접적으로 노출시킬 때 시도 시답지 않은 얼굴이 된다는 것을 시인은 잘 알고 있는 것이다.

6

위의 시는 서정적인 문체로 여리고 힘없는 짐승을 묘사하고 있지만 사회에 향해 흔드는 경종소리 또한 들리고 있다. 물론 시에는 어떠한 원망의 말도, 가르치는 말도, 꾸짖는 말도 없다. 그러나 어린 것은 보호받아야 한다. 그것이 식물이든 동물이든 스스로 삶을 영위할 능력이 없는 어린것들은 보살핌을 받아야 마땅하고 우리는 그것들을 보살펴줄 책무를 가진다. 시인은 어미젖을 먹지 못하고 자라는 안쓰러운 강아지, 염생이, 송아지의 모습에 연민의 시선을 주고 그들이 '웅크리지' 않게 해달라고 신에게 기도하고 있다. 하물며 소년소녀가장처럼 같은 인간에 있어서야 더 말할 나위가 있으랴. 그러나 우리의 사회현실은 어떠한가.

「갯바람은 독공 중」도 마찬가지다. 시인은 물막이 공사 후의 황량한 바다풍경을 묘사하고 있다. 그러나 아직도 뛰고 비린내 나는 '숭어 떼'의 생명을 보전하기 위해서는 무슨 방법이 있을 것인지 시인은 마지막 행에 빈곳을 만들며 독자들에게 묻고 있다. 어떤 방법으로라도 물꼬는 뚫려야 한다. 막혀서는 안 되고 최소한 바다와 물길이 이어지기라도 해야 한다.

서두에서 말한 것처럼 시인은 우리의 사회적 책임에 대해 소리를 내지 않는다. 그저 현실세계를 담담하게 보여줄 뿐이다. 그가 보여주는 유일한 행동은 '신을 향한 기도' —아주 소극적이고 피동적인 행동— 일 뿐이다. 그럼에도 두 작품은 사회의 어떤 양상을 중요한 문제로 파악하고 그것을 우리에게 제시하는 시인의 특출한 안목에 기인하고 있음을 알 수 있다. 그는 그가 제시하는 문제를 우리의 의식에 침윤시키려 한다. 우리의 신념에 의문을 던지고 혹은 확인함으로써 우리, 특히 식자들의 정당한 인식을 요구하려 한다. 당연히 행동과는 기리가 멀다. 하기야 문학이 사회문제를 강력히 제시하고 실질적 해결을 본 일이 언제 어디에서 있기나 했던가. 문학이 직접적 행동을 유

발하면 선동 · 선전이다. 이는 문학 자체를 위해서도 기피해야 할 일이다. 백 번 시를 쓰는 것보다 신문사설로 한 방 까는 것이 백 배 효과가 있다. 이형구는 진정한 문학은 직접적인 현실행동과는 무관하다는 점을 잘 인지하고 있다. 그리하여 더 깊은 성찰의 울림을 만들어내는 앞의 두 아름다운 시편을 깎아내게 된 것이다.

7

겨우 시 두 편을 읽었는데 주어진 쪽수가 얼마 안 남았다. 서두르겠지만 그래도 할 얘기는 해야 한다. 반짝이는 시들이 기다리고 있다.

모래 무덤 사이
밀려오는 하얀 파도
추억을 뜯어낸다

이별 같은 거
아픔 같은 거
다 모아 쓸어간다

갈매기 부리에 걸린
통통배 하나
수평선에 자물린다

— 「대천에서」 전문

지난일을 돌이켜 생각하는 것이 '추억'이다. 그러나 그

추억의 대상들은 즐거움의 웃음꽃보다도 아픔의 상처가 많은 법이다. '상처 없는 영혼이 어디 있으랴'라는 말처럼 우리의 삶 자체는 고통과 상처의 연속선상에 놓여 있다고 해도 과언이 아니다. 시인은 바로 자신의 영혼 안에 깃든 이런 상처의 잔상들에 불을 붙여 창작의 원천으로 삼는다. 이형구는 바로 이런 추억 속의 아픈 상처를 내적 긍정으로 변환시키는 치유의 몸짓을 보여주고 있다.

시제 「대천에서」의 대천은 지명 말고도 그야말로 '큰 바다'를 뜻하는 바일 터이다. 큰 바다 앞에서 인간의 소소한 아픔이라는 것은 얼마나 부질없고 하찮은 일인가. 밀려오는 파도는 바로 이런 소소한 추억의 아픔을 뜯어낸다. '뜯어낸다'는 시어는 탁월하다. 이는 파도의 형용을 설명하는 아주 신선하고 감각적인 표현으로 독자에게 정서적 고양감과 함께 심미적 쾌감을 주는 역할을 하고 있다. 둘째 연은 첫 연에 이은 보충설명이다. 파도는 이별도 아픔도 모든 것을 다 쓸어간다.

셋째 연은 이 시의 핵심이다. 독자들은 '갈매기 부리에 걸린/ 통통배 하나'에 번쩍 눈이 뜨인다. 바다에 갈매기가 등장하는 것은 아주 자연스런 일이다. 그러나 이 '갈매기 부리'에 '통통배'가 '물려있다'니! 참으로 뜻밖의 발상이다. 우리는 여기서 추상적 관념이 구체적 이미지를 통해 그 본질적 특징과 상징적 의미가 절묘하게 포착되는 경우를 보게 된다. 통통거리며 힘겹게 연안에서 고기를 잡고 다

니는 작은 '통통배'는 우리의 신산한 삶의 객관적 상관물로 타당하며 동시에 소소한 상처의 아픔들과 등가를 이룬다. '고깃배'나 '작은 배' 대신 구태여 '통통배'라는 시어를 견인한 것도 그 배의 못난 모양과 소리가 시각화 · 청각화됨으로써 시인이 제시한 시적 정서에 독자가 함께 몰입하게 하기 위해서이다. 그림을 보자. 이제 우리의 아픈 추억들이 갈매기 부리에 물려 황혼의 수평선으로 스러지고 있다. 그림도 이 정도 그림이 되어야 바라볼 맛이 있는 것이다.

8

피붙이는 우리가 선택한 사람도 아니고, 마음대로 바꿀 수도 없는 운명과도 같은 사람이다. 개인적인 생각이지만 그 중 부모형제에 관해서는 우리의 감정이 너무나 깊고 복잡하여 그들에 대한 글을 쓴다는 것은 거의 불가능한 것처럼 느껴진다. 이형구는 아스라한 은하수 길 끝에서 어머니를 보고, 뿌연 안개 너머 산중턱 길 끝에서 시집간 누이를 본다. 마음이 저려온다.

하늘 모서리에서
인연의 끈 다시 매어본다

보고프다

그 이음매에
가슴앓이로 타는 불

은하수 이어진 길 끝에
계실까

어머니

—「끈」 전문

산 중턱 가로질러 이슬 머금은 꽃 사이
뿌연 안개 속을

바람이 능선 돌밭 콩잎을 뒤척이며
넘듯, 넘어갔지

—「누이」 부분

시인의 고향은 순창군 동계의 산골로, 아직도 그리운 어머니가 그곳에 계신다. 어린 시절 어머니는 눈물을 훔치며 책가방만 달랑 메고 대처로 떠나는 시인을 사립문에서 오래오래 지켜보신 분이다. 바로 오늘의 시인이 있게 만든 분이다. 우리 모두가 그러하듯 '하늘 모서리'도 '은하수 이어진 길 끝'에 계신 것도 아닌데 자주 볼 수가 없다. 시인은 그저 진한 그리움에 '가슴앓이'를 할 뿐이다. 마지막 연에는 시인의 심사가 잘 드러난다. 어머니에 대한 우리의 감정은 언어의 경계를 넘어선다. 어떤 수식도 형용도 그 경계 안에 들어오지 않는다. 그저 목 메여 한 마디

불러볼 뿐이다. '어머니'라고.

시인은 시집간 누이도 그리워한다. 그런데 누이는 넓고 반듯한 들길로 시집가지 않았다. '산 중턱 가로질러' 넘어가는 길로 갔다. 동계 어디쯤의 산 '중턱 돌밭 사이' 길을 넘어갔다. '산 중턱'과 '돌밭'은 가난했던 시절의 고달픔을 여실히 드러낸다. 그러나 가난했던 세월이었으나 그 길은 '이슬 머금은 꽃'이 피어 있었고 '산바람도 콩잎 뒤척이며 넘어'가는 아름다운 길이었다. 모처럼 어머니와 누이 생각에 가슴이 아려오지만 마음은 왠지 가을하늘처럼 청량해진다. 아름다운 시편이다.

시인이 깎는 짙은 서정은 시집 전편에 배음背音으로 페이소스를 깔고 있다. 그러나 때로는 웃음으로 '희망과 행복을 발전'하는 시편도 눈에 띈다. 다른 시편에서 독자들은 송천동 문화이발관을 들여다보고 흐뭇한 웃음을 짓게 된다.

> 동네 사람들 더벅머리 긁적이며
> 이발소에 오면 어제 들은 사랑방 뉴스 들려주고
>
> 와이담도 한마디씩 전하면
> 곁에 계신 신부님도 빙그레 웃었다.
>
> ─ 「송천동 행복 발전소」 부분

수십 년 같은 자리에서 영업을 하고 있는 이발관 아저

씨 이야기다. 자주 이발을 하지 못하는 동네 사람들이 '더벅머리'가 되는 것이 당연하다. 그들은 이발소에서 반가운 인사를 나누고 세상 얘기를 한다. 가끔은 패설도 나누며 웃는다. 중요한 것은 옆의 신부님 반응이다. 신부님은 음담패설을 들으며 '불쌍한 죄인들'을 훈계하는 게 아니라 '빙그레 웃어준다.' 좋은 신부님이다. 가슴이 다 훈훈해진다. 그 이발소를 「송천동 행복 발전소」라고 부르는 시의 제목도 좋다.

나는 시인의 모든 시편들이 고른 수준을 확보하기를 기대한다. 그리고 시인이 현실의 아픔을 직시하며 직조하는 시의 서정적 무늬가 더욱 영롱하고 곱기를 바란다. 그러나 시인이 '얼굴 없는 천사'로 계속 남아 어미 없는 송아지, 염생이, 강아지가 시인의 소망대로 '웅크리지' 않고 자라기를 더 희망한다. 물론 거전에 물꼬가 터져 숭어가 펄펄 뛰는 것도 시인과 함께 기대하고 있다.

시인과 그가 돕는 부모 없는 어린 삼 형제에게 언제나 신의 가호가 깃들기를.

이형구 시집

갯바람은 독공 중

인 쇄 2013년 05월 20일
발 행 2013년 05월 25일

저 자 이 형 구
발행인 서 정 환
발행처 신아출판사

출판등록 1984년 8월 17일 28호
주 소 전주시 완산구 공북 1길 16(태평동)
전 화 (063)275-4000, 252-5633
팩 스 (063)274-3131
메 일 sina321@hanmail.net

값 8,000원

ISBN 978-89-98524-50-0 03810

※ 이 시집 발간비 일부는 전라북도 문예진흥기금 지원을 받았습니다.

「이 도서의 국립중앙도서관 출판시도서목록(CIP)은 서지정보유통지원시스템 홈페이지(http://seoji.nl.go.kr)와 국가자료공동목록시스템(http://www.nl.go.kr/kolisnet)에서 이용하실 수 있습니다. (CIP제어번호: CIP2013006481)」